ORAISON

FUNÈBRE ET HISTORIQUE.

IMPRIMERIE DE DEMONVILLE,
RUE CHRISTINE, N° 2.

ORAISON
FUNÈBRE ET HISTORIQUE,

DE MESSIRE

NICOLAS THÉVENIN,

CHANOINE, ARCHIPRÊTRE, OFFICIAL DE SAINT-CLAUDE.

Mortuus est in senecte bonâ dierum et divitiis et gloriâ.

I. PARAL. XXIX.

Il mourut dans une heureuse vieillesse, comblé d'années, de biens et de gloire.

A PARIS,

CHEZ DEMONVILLE, IMPRIMEUR-LIBRAIRE,
RUE CHRISTINE, Nº 2.

(1829.)

A

Monsieur Abeil,

En essayant d'une main foible de tracer le portrait de l'Archiprêtre de Saint-Claude, j'avois sous les yeux sa copie. Vos vertus, vos talens, vos exemples me rappeloient ce que le laps des temps, la distance des lieux auroient pu me faire oublier.

Heureux donc, si ma santé m'eût permis de couler le reste de mes jours, à l'ombre de vos ailes, dans la modeste place de premier Vicaire de la métropole de Paris. Mais mes infirmités qui, comme vous le savez, s'aggravent tous les hivers, me mettent dans le cas de profiter du canonicat royal que S. M. Charles X a bien voulu me donner.

Toutefois, de loin comme de près, je prierai la majesté suprême de répandre ses bénédictions les plus abondantes, et sur le pasteur et sur les ouailles parmi lesquelles a vécu près de dix-sept ans celui qui sera toujours avec le plus profond respect,

MONSIEUR,

Votre très-humble serviteur,

GIROD,

Chanoine de Saint-Claude.

ORAISON
FUNÈBRE ET HISTORIQUE,

DE MESSIRE

NICOLAS THÉVENIN,

CHANOINE, ARCHIPRÊTRE, OFFICIAL DE S. CLAUDE.

La vertu a droit aux hommages de tous les hommes ; aussi dans tous les temps et chez tous les peuples, quel qu'ait été l'aveuglement des esprits, l'empire des préjugés, le délire des passions, lui a-t-on toujours payé le juste tribut de louanges qui lui appartient. Qu'il me soit donc permis de jeter quelques fleurs sur la tombe d'un pasteur qui a servi l'Eglise avec tant de dignité, avec tant d'édification et avec tant de succès ; qui a réuni tout à la fois dans son ministère, la splendeur du sacerdoce d'Aaron, la piété exemplaire d'Eléazar, le zèle efficace de Phinées. Si nous ne trouvons point en lui les qualités héroïques, les faits éclatans, les prodiges de ces différens chefs du peuple d'Israël, nous voyons du moins leurs vertus essentielles, avec les traits les plus aimables : la bonté et la douceur de son

I

naturel, la candeur de sa foi et de ses mœurs, la grandeur de sa piété, la sagesse de son gouvernement, la vigilance de sa sollicitude pastorale, l'attrait de son goût dominant pour la décoration du sanctuaire, l'ardeur de son zèle pour la religion, la sincérité de son amour pour son Dieu, la tendresse de son affection pour ses ouailles, la bonne odeur de sa vertu digne d'être encore en vénération après sa mort, et d'être à jamais comblée de bénédictions.

Nous pouvons donc dire à sa louange, et pour notre consolation, sans crainte de trouver un seul contradicteur, qu'il a vérifié les paroles du texte sacré, qu'en lui une jeunesse honorable a été couronnée par une vieillesse plus honorable encore : *mortuus est in senectute bonâ;* qu'il est mort comblé d'années précieuses pour la religion, de trésors amassés pour le ciel, et de cette gloire véritable que le temps ne sauroit flétrir : *plenus dierum divitiis et gloriâ.*

Il n'est plus.... ce Pasteur révéré qui vous conduisoit avec tant de zèle et de prudence dans les pâturages du Seigneur. Il n'est plus..... la mort nous l'a ravi après une longue et honorable carrière, quand sa vieillesse regardée comme un phénomène, à cause de la réunion de divers avantages, présentoit le spectacle de la vertu éprouvée au creuset de l'adversité, et victorieuse de tous les genres d'épreuves. Il n'est plus.....

cette colonne qui avoit survécu à tant de ruines a été brisée à son tour, et la main du temps n'a point épargné cet héritier des mœurs antiques qui en perpétuoit parmi nous la tradition : *mortuus est in senectute bonâ.*

Oh ! si les potentats de la terre, si les conquérans du monde, ces dévorateurs du genre humain, trouvent des admirateurs et des panégyristes, si la sotte vanité se fait un mérite d'étaler leurs victoires éclatantes, de célébrer leur héroïsme sanguinaire, parce qu'ils ont foulé sous leurs chars homicides de malheureux mortels ; la vertu, l'humble vertu ne jouira-t-elle pas une fois des honneurs qui ne doivent appartenir qu'à elle seule ? Vous ne trouverez donc ici aucun de ces traits mémorables qui exaltent l'admiration de la renommée, mais vous y verrez l'heureuse réunion de toutes les vertus paisibles, vertus pastorales, vertus personnelles embellies par la douceur et la modestie. Loin de nous ces vains ornemens de l'éloquence humaine, dans ce jour de deuil où nous pleurons un sage directeur, un vénérable pasteur, qui le premier forma notre voix aux organes de la simplicité.

Assis sur sa tombe, le récit de ses vertus sera le tribut le plus légitime de notre sensibilité et de notre reconnoissance ; la simplicité du récit sera tout l'art de cette oraison funèbre, où nous suivrons notre bon Pasteur dans les différentes situations qui ont partagé sa vie :

1° Dans les fonctions de l'enseignement et de la direction du séminaire;

2° Dans les fonctions et les occupations du ministère pastoral. La première partie vous le montrera digne de nos regrets, la seconde digne de nos respects.

Telle est la matière de l'éloge que nous consacrons à la mémoire du Pasteur le plus zélé, le plus fidèle, de l'homme le plus chéri, le plus regretté, le plus digne de l'être ; *de messire Nicolas-Thévenin de la Mouille, théologal du diocèse sous le règne du premier évêque, monseigneur Méalet de Fargues ; supérieur du séminaire, puis vicaire-général sous le règne du second, monseigneur Rohan de Chabot ; archiprêtre et official sous le règne du troisième, monseigneur de Chamon ; de Thévenin, le Salomon du Jura, le patriarche du clergé de l'ancien diocèse de Saint-Claude.*

Ce bon Pasteur auroit dû sans doute avoir un panégyriste plus digne de lui. Sans autre talent que le désir d'honorer la vertu, sans autre mission que mon propre penchant, deviendrois-je tout à coup prophète, comme Amos, et pourrois-je remplir dignement un ministère que bien des circonstances rendent plus difficile pour moi que pour tout autre ! Je connois trop ma foiblesse pour aspirer à une gloire aussi flatteuse, suppléons du moins par notre zèle aux dons brillans du génie.

PREMIÈRE PARTIE.

Heureux et mille fois heureux l'enfant que Dieu fit naître dans le sein d'une famille chrétienne ; les premières paroles qu'il entend sont des paroles de vie et de salut, ses yeux à peine ouverts à la lumière du jour, n'aperçoivent que des exemples de vertu ; il ne se connoît pas encore, et il connoît déjà le Dieu maître et arbitre du monde. Sa langue se délie, elle bégaie encore, et déjà elle invoque l'auteur de la nature ; en apprenant à parler, il apprend à prier. Tel fut le bonheur de Nicolas Thévenin ; il naquit à la Mouille, l'an 1745, d'une famille pieuse et chrétienne. Il dut le jour à des parens honnêtes et respectables, non par leur opulence, mais par leur piété ; non par la noblesse, mais par l'éclat des vertus qui sembloient héréditaires dans leur famille, où depuis long-temps on menoit une vie toute patriarcale.

Guidé par la sagesse même, cet enfant de bénédiction, en croissant en âge, croissoit en vertus ; c'étoit un nouveau Samuel que Dieu s'étoit réservé pour lui seul, et pour en faire le conducteur de son peuple. L'aménité de ses mœurs, la modération de son caractère, une piété tendre, ses goûts naissans, tout semble déceler en lui une vocation sainte.

Après avoir fait ses premières humanités au collége de Saint-Claude, que la générosité des abbés Joli et Baudran avoit doté d'un fonds suffisant pour y être instruit gratuitement (fonds sacré, que la gueule béante et sacrilége de la révolution a dévoré); il fit sa philosophie à Dole; ensuite il entra dans cette école de probation, où des hommes vénérables, joignant la science à la simplicité, pratiquent tous les jours, sous les yeux des élèves du sanctuaire, ce qu'ils leur enseignent, et en sont plutôt les pères que les maîtres. Le séminaire de Saint-Irenée de Lyon aura le mérite d'avoir préparé au diocèse de Saint-Claude Nicolas Thévenin, comme il lui a préparé les Grandmottet, les Mermet, les Colomb, les Chevassus, les Pernier, les Dolard, les Millet, les Panisset, les Bavous, les Favier, les Benoît, les Nicod, les Guigrand, et tant d'autres curés de l'ancienne roche qui ne sont plus, et qui jetèrent un si grand éclat dans l'ancien diocèse de Saint-Claude, par leurs vertus et leurs talens.

Ne craignez pas qu'en sortant de ce pieux asile, le jeune abbé Thévenin laissât affoiblir en lui cet esprit sacerdotal dont il est pénétré. Il est vicaire dans une paroisse de campagne; il laisse apercevoir dans sa conduite comme dans ses discours, cette aimable sagesse qui, sans violence, captive les esprits et les cœurs. Chaque jour ajoute aux espérances de la veille, en développant de plus en plus ce qui devoit le rendre constamment agréable à Dieu et aux hommes. Ce qu'il fait déjà sous la direction de M. *Clerc*, curé de Molinge, révèle ce qu'il sera capable de faire un jour, quand il sera à la tête d'un troupeau. Il ne fit, pour ainsi dire, que passer en ce premier poste, en y faisant le bien : *transiit benefaciendo*.

Le premier évêque de Saint-Claude, Joseph Méallet de Fargues, dont on ne pronouce jamais le nom qu'avec vénération et attendrissement, ce digne pontife qui, après une vie toute entière vouée à faire le bien, légua aux pauvres (*A*) de l'hôpital toute sa fortune, désiroit depuis long-temps d'avoir près de lui une école de théologie pour ceux qui se destinoient au sacerdoce : l'abbé Thévenin fut choisi pour en être le professeur. Les thèses brillantes que soutinrent avec éclat ses élèves attesteront et le talent du maître et les dispositions des disciples. Mais, hélas ! la mort, l'impitoyable mort ravit à Saint-Claude son vertueux évêque, et à l'abbé Thévenin son digne protecteur, et j'oserai dire son ami.

Monseigneur Jean-Baptiste de Rohan Chabot lui succéda, et dès les premiers instans de son apostolat, s'occupa efficacement d'avoir dans sa ville épiscopale un séminaire, qu'il confia d'a-

bord à de bons Religieux du Carmel, qui occu-
poient un vaste et magnifique édifice que la piété
et la magnificence d'une des plus anciennes familles de Saint-Claude (Athenin Crestin) avoit autrefois fait construire et consacrer en faveur de
la religion. Thévenin fut nommé théologal du
diocèse, et professeur d'Écriture Sainte dont il
donnoit deux fois par semaine de savantes leçons.

Le séminaire prospéroit, l'ordre, la discipline,
la régularité, les exercices, les pratiques reli-
gieuses étoient en vigueur; mais, il faut l'avouer,
l'instruction n'avoit peut-être pas tout-à-fait le
degré de profondeur que nos bons Carmes auroient eux-mêmes désiré pouvoir donner à leurs
chers élèves, qui n'oublieront jamais la douceur,
la bonté, la tendresse de ces vertueux cénobites.
Mais la science est le trésor du prêtre (*B*), le
prêtre doit la *garder sur ses lèvres, et s'il la re-
pousse, il sera repoussé.* De tous les biens, nul ne
lui convient mieux que la science, dont le propre est de perfectionner sa raison; par elle, il
approche de l'état des bienheureux, qui consiste,
selon Saint Augustin, dans la connoissance de la
vérité. Par elle, il participe à l'immensité de Dieu
qui, comme esprit immense, est présent partout.
Par elle il subsiste, tout fini qu'il est, dans la
durée de tous les siècles, et même dans l'éternité où il contemple l'origine, le progrès et le

terme de toutes les choses possibles. Aussi les prêtres et les pontifes les plus éclairés sont ceux qui ont porté le plus de fruit dans le saint ministère, et toute autorité destituée de conseil, de lumière et de science, s'ébranle, s'écroule et se brise d'elle-même.

Le séminaire fut mis entre les mains de prêtres séculiers, et l'abbé Thévenin est à leur tête, le voilà directeur.... Quel état! quel ouvrage! que de talens, que de vertus cette fonction sublime demande! tendresse pour faire naître l'amour, fermeté pour inspirer la crainte, bonté pour attirer la confiance, gravité pour entretenir le respect, autorité pour tenir dans la soumission, facilité pour rendre la dépendance aimable, sévérité qui n'a rien de rebutant, complaisance qui n'a rien de lâche, douceur qui sait punir et reprendre, fermeté qui sait tolérer et pardonner, vigilance à qui rien n'échappe, discours qui instruisent, exemples qui persuadent, trésors inépuisables de connoissances à répandre, de vertus à faire pratiquer; en deux mots, *doctrine, vérité* : et de même que ces deux mystérieuses paroles étoient gravées entre les douze pierres précieuses attachées sur la poitrine d'Aaron, de même un directeur de séminaire doit sans cesse instruire les élèves à faire servir la doctrine à la vérité et la vérité à la doctrine; de sorte qu'on peut dire qu'il est plus difficile de former de bons prêtres, que de l'être soi-même.

Déjà je vois Thévenin remplir de l'esprit du sacerdoce les jeunes élèves l'espoir du sanctuaire, éprouver leur vocation, veiller sur leurs mœurs et sur leurs études, pénétrer le secret de leurs penchans, encourager leurs talens, s'instruire des abus et les retrancher.

Je le vois chaque jour, chaque heure du jour s'appliquer avec une vigilance scrupuleuse à démêler, à discerner les caractères, la conduite, les mœurs, la science, les talens, les vertus, les succès.

Je le vois perpétuellement tourmenté par la crainte de manquer à quelque partie de son devoir, dans une administration si compliquée, en embrasser lui seul tout l'ensemble, sans dédaigner de descendre aux plus petits détails, et avoir sans cesse sous les yeux cette vaste machine dont il faisoit mouvoir tous les ressorts ; correspondance sans bornes dans ses rapports comme dans ses objets, distributions charitables, administration temporelle, économie domestique ; il suffisoit à tout.

Je le vois, je l'entends dans de ferventes et lumineuses instructions, semer à pleines mains dans l'âme de ses jeunes lévites, les semences fécondes de la vertu et de la piété ; non pas de cette piété sombre, farouche, atrabilaire, non pas de cette piété large, commode, superficielle; mais de cette piété qui est solide et véritable, parce qu'elle est éclairée; mais de cette piété tendre, sensible et bienfaisante qui fut celle des François de Sale, des Fénélon et des Vincent de Paul. Loin de lui cette piété de caprice et d'humeur, qui loin d'édifier le monde, le blesse, le scandalise et décrie la véritable piété. Eh! d'où viennent tant de préjugés si injurieux à la dévotion? si ce n'est de ce qu'on voit des dévots opiniâtres et entêtés, des dévots bizarres et capricieux, des dévots critiques et médisans, des dévots sombres et mélancoliques, des dévots durs et austères, des dévots jaloux et vindicatifs, des dévots oisifs et inutiles, des dévots curieux et inquiets, des dévots brusques et emportés, c'est-à-dire de faux dévots, parce qu'ils n'ont pas la piété véritable et éclairée.

Avec quel soin surtout ne s'appliquoit-il pas à nous peindre l'irréligion avec ses véritables couleurs, à nous la montrer telle qu'elle est : inquiétude dans l'esprit, indocilité dans la raison, attrait de libertinage dans le cœur, désir de l'impunité dans les passions, favorable au vice qu'elle rend libre de crainte; triste pour la probité qu'elle laisse sans espérance; amas bizarre d'opinions flottantes et incertaines, que l'honnête homme ne peut adopter sans se mettre dans la nécessité de rougir bientôt, ou de son cœur corrompu par ses persuasions, ou de ses vertus contredites par son système.

Enfin, que ne puis-je vous développer toute la sagesse, toute la douceur de son gouvernement, et la manière admirable dont il varioit les formes de son zèle, selon la différence des conditions, des caractères et des circonstances; comme il se faisoit tout à tous, pour gagner la confiance de tous : *omnia omnibus factus.* Comme un lapidaire habile, sans s'arrêter à l'obscurité de ses diamans bruts, entrevoit déjà tout l'éclat qu'ils auront quand il les aura polis; que j'aime à me rappeler avec quelle bonté ce vénérable directeur se plioit à notre foible intelligence! avec quelle avidité nous recueillions toutes ses paroles, avec quelle onction il insinuoit dans nos âmes la connoissance et l'amour de Dieu! Imaginez la tendresse d'une mère qui presse ses enfans sur son sein : *tanquam si nutrix foveat filios suos.* Loin de notre modeste maître, le ton de domination que le chef des apôtres interdit aux pasteurs : *non dominantur in cleris;* il ne vouloit dominer sur nous que par les exemples : et ses exemples animent, ses exhortations persuadent, ses prières achèvent et attirent sur le séminaire les bénédictions du Père de miséricordes. Aussi le séminaire devint bientôt une pépinière de sujets utiles et laborieux. C'est ce jardin spirituel qu'il avoit pour ainsi dire planté de sa propre main, arrosé de ses sueurs, cultivé avec tant d'assiduité, dont il a goûté tant d'agréables fruits. Avec quelle satisfaction il examinoit ces jeunes plantes, retranchant les branches inutiles, remplaçant les vides par de nouvelles entes; de ce jardin de délices et d'innocence, on transplantoit des arbres déjà formés dans les différens vergers du diocèse, ils y prenoient racine et portoient du fruit en abondance.

O vous, avec qui nous avons eu le bonheur d'être admis dans cette école du sacerdoce, nos chers condisciples, nos illustres amis, *ó doctrinæ et eloquentiæ studia*, si je puis emprunter les expressions de l'éloquent évêque de Nazianze, aux funérailles de Saint Basile, *ó amititiæ contubernium, ó caræ Athenæ*. Jours heureux où nos âmes libres encore des sollicitudes qui environnent nos places, reposoient avec sécurité sous les ailes de cet homme vertueux; où unis entre nous par une étroite amitié, unis à notre chef par une tendre vénération, nous vivions comme des frères sous l'aimable loi de la piété paternelle : *ó amititiæ contubernium, ó caræ Athenæ;* dispersés dans les différentes églises du diocèse ou des diocèses voisins, nous avons conservé la même tendresse pour sa personne, la même vénération pour sa vertu.

C'est ainsi que nous jouissions en paix du bonheur de posséder un directeur dont les grandes qualités justifioient de plus en plus la sagesse du choix qu'avoit fait monseigneur Rohan de Chabot.

Mais on voit quelquefois l'aurore annoncer le plus beau jour, la nature sortir du néant et sourire à l'astre bienfaisant qui lui redonne la vie; et bientôt le ciel s'obscurcit, le tonnerre gronde, et le soleil qui, au milieu des nuages, n'en fournit pas moins sa carrière comme un superbe géant, ne recouvre sa sérénité que lorsqu'il est sur le point d'arriver à son couchant. Les jours devinrent calamiteux; un chagrin superbe, une inquiète curiosité, un dégoût pour ce qu'il y a de plus respectable, avant-coureurs ordinaires des grandes révolutions, tourmentoient les esprits, et menaçoient l'Eglise : *inde quanta luctuum cohors.* Remonterai-je aux premières étincelles de ce long et déplorable incendie; et en suivrai-je avec vous les progrès et les ravages? personne n'ignore l'histoire de ces temps malheureux, et la remettre aujourd'hui sous vos yeux, ce seroit rouvrir des plaies que le temps a heureusement fermées; ce seroit peut-être ranimer des passions qui paroissent éteintes, et irriter l'amour-propre, la plus dangereuse de toutes parce qu'elle meurt la dernière; mais le plus beau spectacle, aux yeux de l'Eternel, c'est le sage luttant contre l'adversité. Lors même qu'il tombe, il combat encore à genoux, et l'univers s'écrouleroit qu'il demeureroit ferme au milieu de ses débris. Tel fut l'abbé Thévenin pendant toutes les tempêtes de la plus épouvantable des révolutions. Ni la crainte, ni l'espoir, ni les promesses, ni les menaces ne purent l'ébranler. Il est semblable à ces hautes montagnes dont la main de Dieu posa les inébranlables fondemens. Les élémens en fureur ont en vain conjuré sa ruine, son front majestueux brille au-dessus des tempêtes, et semble insulter à leur impuissance par une éternelle sérénité : *qui confidunt in Domino sicut mons Sion.*

Les sources de l'enseignement, arrêtées par l'injonction d'un rigoureux silence, forcent le directeur du séminaire de Saint-Claude à se séparer de ses élèves, et c'est au milieu des ténèbres de la nuit que se fit cette cruelle et douloureuse séparation. O qui pourroit peindre la profonde tristesse, les larmes de sang, les sanglots, les gémissemens de cette nuit de deuil, d'alarmes et d'angoisses (*C*) !

Retiré dans le sein de sa famille, verra-t-on le zèle de Thévenin se démentir, sa lumière sous le boisseau? non. Semblable à ce mur d'airain auquel l'esprit de Dieu compare un prophète, il ne cessera de combattre les combats du Seigneur, qu'autant que ceux qui sèment la division cesseront eux-mêmes de méconnoître la voix de l'Eglise, d'en troubler l'enseignement, d'en violer

les lois. Ainsi se comportèrent autrefois les Atha-
nase, les Ambroise, les Hilaire, ces intrépides
défenseurs de la foi que Thévenin prend pour
modèles. Il ne craint rien, pourvu que, comme le
grand apôtre, il remplisse son ministère. L'erreur est le seul ennemi auquel il n'a jamais par-
donné dans le cours de sa vie; il l'a persécuté
avec une haine irréconciliable, et bientôt il
publie trois lettres (1) dans lesquelles il réclame
avec force l'indépendance essentielle du ministère sacerdotal, démontre le crime de la résis-
tance à l'autorité, et fait briller le glaive redou-
table que l'Eglise a mis dans la main du Souverain Pontife, pour maintenir la discipline et
abattre toute hauteur qui s'élève contre la science
de Dieu. Ces lettres, sujets de clameurs indé-
centes pour le parti de l'erreur, de conjectures
sinistres pour les politiques, de conversations
malignes pour les mondains, devinrent tout à
coup, dans le camp du Seigneur, comme un cri
de guerre, comme le ralliement de troupes dis-
persées. Des montagnes du Jura, elles se répan-
dent dans les pays voisins, et retinrent sur les
bords de l'abîme ceux qui alloient s'y précipiter.

Mais déjà les vagues écumantes de l'anarchie
débordent de toute part, les foudres révolution-
naires grondent, tombent, éclatent sur le clergé
fidèle. Partez, généreux Mathatias, et apprenez
comme autrefois un grand Pape, de la bouche de

Saint Bernard, que votre héritage est dans la croix de Jésus-Christ, et dans les travaux que vous supporterez pour sa gloire. Traversez les montagnes et les rochers du Jura, ranimez sur votre passage le courage et la fermeté des enfans d'Aaron. Allez dans les foyers hospitaliers que vous offre le canton de Fribourg (à Charmey). Il est nommé vicaire-général de Saint-Claude, sous le titre modeste de préposé (*D*). Mais en tout lieu et en tout temps Thévenin laissa voir la même activité pour soutenir les intérêts de la religion. Il publie un savant catéchisme dogmatique, chef-d'œuvre de doctrine, de méthode et de clarté (*E*).

DEUXIÈME PARTIE.

Qu'un curé est un mortel respectable! que tout est sublime dans ses fonctions! organe de la religion, il donne l'action à ses lois, il veille sur le dépôt précieux des mœurs; il parle aux hommes le langage des cieux; sa bouche ne s'ouvre que pour prononcer des oracles de sagesse; les âmes s'échauffent au feu de sa parole, et s'élèvent à l'héroïsme des vertus, ses instructions en sont la leçon, sa vie en est l'exemple. Ange de paix, il en porte l'esprit dans les familles, il arrache à la haine ses armes sanglantes, il enchaîne les discordes cruelles; les passions féro-

2

ces s'adoucissent à sa voix, l'intérêt, source des divisions sociales, l'intérêt si violent, si fougueux, si irascible cède à la douceur de ses persuasions ; mais ce n'est point dans ce qu'il a de doux et de flatteur, qu'il faut considérer votre ministère, ô pasteurs des âmes ! c'est dans ce qu'il a de généreux et de pénible. J'entre dans vos maisons, quel respect me saisit ! c'est le sanctuaire de la charité, le dépôt de la confiance publique. C'est là que l'infortuné vient répandre dans vos cœurs les douleurs qui déchirent le sien, et soulager la foiblesse de son âme, en déposant les cruels secrets qui l'oppriment. C'est là que le pauvre, après s'être long-temps secrètement consumé par une misère qu'il dérobe à l'œil insultant du public, avoue avec confiance ses disgrâces, ses désastres, son désespoir, et reçoit les premiers secours que l'indigence le condamne à réclamer de la pitié. Ils ont joui sans vous de leur prospérité, vous n'avez point été appelés à leurs plaisirs, et ils vous apportent leurs larmes, leurs afflictions et leurs misères. Cette vie est-elle prête à les abandonner, dans ces momens affreux où l'homme expirant devient un objet d'horreur, quand il voit s'éloigner de lui tout ce qu'il a de plus sûr, n'est-ce pas vous, et vous seul que je vois près de ce lit que la mort environne ! n'est-ce pas vous qui avez le courage de braver les exhalaisons pestilentielles, l'épidémie des contagions, de respirer près de lui le souffle de la mort, pour secourir l'humanité dans ces momens affreux et suprêmes, pour lui présenter les consolations de la religion, et diriger vers le ciel le vol de l'âme, quand elle s'affranchit de la prison du corps? ô peuples, tels sont les titres qui donnent à vos pasteurs des droits à votre vénération, à votre amour! ô pasteurs! tels sont vos devoirs envers le peuple, tels sont la grandeur, la sainteté, les objets sublimes de votre ministère, et cet héroisme fut celui de Nicolas Thévenin.

Le moment étoit venu où Dieu, dans sa miséricorde, vouloit au moins mettre un appareil adoucissant sur les plaies des enfans du fils aîné de son église, quoique ce père si désiré fût encore si éloigné d'eux par la distance et des temps et des lieux. Dans ce temps qui fut la première aurore du foible crépuscule du jour des miséricordes célestes, Thévenin enflammé du désir d'être utile, plein d'ardeur de travailler dans le ministère, se hâte de revenir dans son diocèse, offrir ses services et son zèle; bientôt il a l'occasion de l'exercer dans le village qui fut le berceau de son enfance, dans la cure de la Mouille dont il est pourvu.

O comme tous ses vœux étoient remplis! comme je sens dans un cœur tel que le sien, le bonheur de n'être pas un serviteur inutile, d'être employé à l'œuvre de Dieu! L'ouvrage étoit fastidieux et rebutant, il ne l'attachoit que davantage. Il n'étoit que plus adapté à son grand courage. Il en faut, il faut de la patience pour enseigner la raison, la sagesse aux hommes agrestes et sauvages de la campagne, pour inculquer à l'ignorance une instruction tardive et long-temps sans succès, pour inspirer le goût de la vertu à des âmes sans énergie, sans noblesse ; mais si ce ministère a ses dégoûts, qu'il a bien ses dédommagemens ! ses consolations ! si l'homme des champs a la rudesse de la nature, il est simple comme elle ; son âme douce en a la sensibilité, ses mœurs en ont l'innocence. Il n'a que les vices de la nature, il n'a pas ceux de l'éducation, ceux du luxe, ceux du désœuvrement. Le curé de village n'a point à combattre la corruption, les débauches, l'immoralité des villes ; il est rare qu'un scandale vienne affliger son zèle. Si l'instruction est fastidieuse et pénible avec les ignorans, est-elle bien consolante avec les beaux esprits ? La philosophie superbe indigne par son obstination, la simple ignorance intéresse du moins par sa docilité. Eh ! quelle douce récompense ne trouve-t-on pas dans le respect et l'amour de ces âmes naïves et sensibles ? quel charme de vivre concentré dans ce petit cercle d'hommes innocens et paisibles ; loin du tumulte du monde, à l'abri des persécutions, des fourberies, des calomnies, de la scélératesse des villes. Ah! si le ciel m'avoit donné dans un coin de terre, de ces hommes simples à gouverner, comme j'aurois été leur père et leur ami; avec quelle tendresse je les eusse aimés; avec quelle sensibilité j'eusse partagé leurs peines, avec quelle satisfaction j'aurois mérité d'en être béni!

O vous! si digne de goûter ces plaisirs du sentiment, ce bonheur de l'âme, respectable Thévenin, vous en avez joui à La Mouille, et cependant quelle douleur pour vous, d'y trouver à votre arrivée le temple désert, les fêtes abolies, le culte négligé, la religion oubliée, méconnue dans son propre sanctuaire! Vous arrivez...... le peuple le voit bientôt rentrer dans ses honneurs, le culte déploie la pompe majestueuse et touchante de ses cérémonies! ô pouvoir de l'exemple! ô curés, que les vôtres sont puissans sur ces âmes neuves, nourries dans la simplicité des champs! son seul aspect a ranimé la piété, les flammes de la foi qui le pénètrent l'allument dans toutes les âmes, les autels sont relevés, le presbytère et l'église sont agrandis, réparés, embellis, ornés; et la religion, rendue respectable dans son ministère, reprend ses droits sur tous les cœurs.

Par quelle suite de malheurs les avoit-elle perdus (2)? car les hommes se prêtent naturellement à son joug, c'est un sentiment dont l'âme se plaît à sentir la douce impression. Peuple infortuné!

il ne falloit que vous montrer le Seigneur pour vous le faire aimer, mais qui vous en a parlé, troupeau trop long-temps délaissé (*F*)?........

Thévenin, le flambeau de la vérité à la main, porte partout la lumière, force tous les yeux à la voir, la présente à toutes les conditions et à tous les âges. Le voyez-vous, à l'exemple de Jésus-Christ, appeler ces enfans, se plaire à se voir environné de leur foule innocente; il sait de quel prix ces jeunes plantes sont à la religion et à la société. Il sème dans leurs cœurs les premiers germes des vertus, il leur imprime les principes de la foi, leur en apprend le langage; le voyez-vous plus loin, sur les pas du laboureur, mêler l'instruction au travail, suivre le sillon qu'il trace en lui donnant les connoissances de la religion, en lui enseignant ses mystères. Qu'elle est douce et consolante dans sa bouche! avec quel art il la fait aimer! Il se regardoit dans sa paroisse comme dans une grande famille dont il étoit le chef; et qui jamais justifia par plus de tendresse, ce nom, ce tendre nom de père que lui donne l'amour de ses enfans? Quel père entre dans les intérêts de sa famille avec plus de chaleur, dans ses peines avec plus de sensibilité! Victimes de toutes les misères humaines, de toutes les peines, de toutes les infortunes de la vie, vous étiez sûrs de trouver dans sa maison et dans son cœur des conseils, des consolations, des bienfaits.

Mais on remarqua bientôt la surabondance de son zèle dans une petite paroisse, la disproportion entre son courage et la matière de son travail; la religion ne tiroit pas assez de parti de la magnanimité de son caractère; sur un théâtre plus étendu son mérite pouvoit avoir plus de développement. Ô providence, ô bonté qui veille sur nous du haut des cieux, époque à jamais mémorable de reconnoissance et de bénédiction, il est nommé à la cure de Saint-Claude!

A Saint-Claude, une carrière plus vaste s'ouvre devant lui; à Saint-Claude, il sentit croître l'importance de son ministère, ses obligations s'étendre, son fardeau s'appesantir. Ce n'étoient plus ces hommes simples de la campagne à qui suffisent des instructions simples comme eux; c'étoit un peuple nombreux à gouverner, des esprits moins flexibles à manier, des esprits plus cultivés à instruire ou à éclairer. C'étoit le peuple le plus industrieux, le plus laborieux, le plus commerçant du Jura à conduire; c'étoient les vices du luxe, des conversations satiriques et brûlantes, des antipathies, fruits inévitables de la diversité d'opinions; c'étoient les vices d'un germe d'indifférence pour la religion chez quelques-uns, un levain de la philosophie et de l'insouciance chez d'autres en très-petit nombre; en un mot, c'étoient des abus d'un autre genre, de nouvelles mœurs, un nouveau caractère d'hommes.

Il avoit été précédé par un homme des plus savans et des plus vertueux, dont la perte ne pouvoit être réparée que par un tel successeur. M. Ferez, l'une des étoiles de cette constellation de sages pasteurs qui parut après le premier concordat, avoit déjà débrouillé le chaos qui existoit dans toutes les parties d'une administration renaissante; déjà il avoit travaillé avec une application suivie et infatigable à y mettre l'ordre et l'arrangement. Mais dans une grande paroisse le bien qui se présente à faire journellement, n'empêche pas de voir quelquefois des choses négligées dans certaines parties, d'autres qui sont bien mais qui peuvent être mieux, des usages utiles à établir, des abus déjà prescrits à réformer.

La paroisse de Saint-Claude exigera toujours un pasteur laborieux, vigilant et versé dans les profondeurs de la théologie scolastique; le voisinage de Genève, le centre de l'erreur, d'où sortent si souvent tant de livres dangereux, l'exposent sans cesse aux influences de l'hérésie : son effet n'est pas toujours de détruire le culte, elle ne réussit pas toujours à établir ses dogmes, à élever ses autels impies, elle ne fait pas toujours des apostats, mais elle inspire l'indifférence pour la religion, plus funeste que l'apostasie. Effet déplorable des guerres théologiques, assez et trop souvent elles donnent à la vérité un air problématique, le doute reste encore, même après son triomphe, les peuples indifférens, retenus dans leur sanctuaire par habitude ou par intérêt, mais infidèles dans le cœur, sont catholiques et ne sont pas chrétiens; cette espèce d'infidélité, la plus funeste de toutes, n'a jamais régné, ni dans la ville de Saint-Claude, ni dans aucune des paroisses du Jura qui avoisinent de plus près les cantons protestans de la Suisse, grâces éternelles vous en soient rendues, ô le Dieu de nos pères!

Mais on peut dire que Nicolas Thévenin étoit fait pour servir de sentinelle aux avant-postes, dans le camp d'Israël. Une vieillesse majestueuse et vénérable, un extérieur austère et imposant, une application opiniâtre au travail et à ses devoirs, un courage à toute épreuve, une élévation et une fermeté d'âme au-dessus des événemens, un esprit éclairé, judicieux, expérimenté et rompu dans les affaires; en un mot, toutes les qualités qui font l'homme de tête, s'annonçoient en lui et composoient le fond de son caractère; aussi, son seul aspect ranimé la piété, les flammes de la foi qui le pénètrent s'allument dans toutes les âmes, et la religion rendue respectable dans son ministre, reprend ses droits sur tous les cœurs.

Murs sacrés, auguste basilique de Saint-Claude, (l'une des plus belles de la province) vous attesterez à nos successeurs les marques éclatantes de religion qu'il donna dans votre enceinte, la bonne odeur de Jésus-Christ qu'il y répandit, et le zèle dont il fut dévoré pour la maison du Seigneur. Ne vous sembloit-il pas, dans la pompe de nos cérémonies, s'élever au-dessus de lui même, éprouver l'influence de la divinité, et avec son air grave et majestueux, et avec ce beau front et cette tête blanchie dans les travaux de l'apostolat, imprimer le respect au peuple adorateur. Malheur à nous si, dans l'exercice journalier du culte divin, nous oublions jamais la décence, l'attachement aux saints rites et les beaux exemples d'un doyen si digne de présider aux chœurs des anges de la terre, je veux dire des prêtres, plus honorés encore que les anges.

Mais il portoit encore partout l'édifiant témoignage de sa rare piété, de cette piété fervente, exemplaire, éclatante, qui fut son attrait dominant et son caractère le plus marqué; lorsqu'il faisoit monter au trône de l'Eternel l'hommage et l'encens de sa prière, que je puis comparer au *thimiame* odoriférant que le grand-prêtre faisoit brûler à certains jours solennels; c'est alors surtout qu'il se complaisoit dans le Seigneur, qu'il excitoit par son exemple, qu'il édifioit par son recueillement, qu'il touchoit par sa modestie, qu'il ravissoit par sa ferveur et son courage, qu'il nous élevoit nous-même à Dieu par cette impression de grâce et de sainteté qui éclatoit sur son visage.

Vous l'avez entendu du haut de la chaire vous expliquer les grandes vérités de la foi, et vous donner des leçons de sagesse. Comme il étoit pressant quand il vous excitoit à opérer votre salut sans négligence et sans retard , . . . comme sa voix s'animoit quand il gourmandoit vos passions ; comme il paraissoit pénétré de l'esprit des prophètes quand il parloit de nos augustes mystères ! Tantôt on auroit dit le législateur des chrétiens enseignant avec autorité et commandant en maître , *tanquam potestatem habens ;* d'autres fois on l'auroit pris pour la miséricorde elle-même, s'insinuant doucement pour parvenir à ses fins. C'étoit ou la foudre qui grondoit sur la tête des coupables, ou un ruisseau de miel qui rouloit dans son paisible cours la persuasion et le calme. Que la religion étoit belle dans sa bouche ! dégagée de cet attirail terrestre dont s'affublent les génies étroits, elle se montroit sur ses lèvres, telle qu'elle sortit du sein de la divinité, telle que cette chaste épouse qui descend du ciel toute parée pour ses noces : *sicut sponsam ornatam viro suo.* Ah ! si la religion chrétienne n'étoit jamais défigurée, elle trouveroit partout des adorateurs ; si elle étoit sagement enseignée, ses adversaires tomberoient à ses pieds ; *et inimici ejus terram lingent* (*G*).

Jeunes orateurs, qui faites plus de cas des lauriers académiques que des palmes du sanctuaire, venez entendre Thévenin : sa morale est pure comme son cœur ; ses discours n'ont ni le cadencé, ni le précieux des vôtres, ils sont touchans et sans art, comme ceux de la religion ; vous parlez à l'esprit, il parle au cœur ; et son onction jointe à la force du raisonnement, subjugue, persuade et entraîne. Eh ! qui ne l'eût pris, au moment où il élevoit pour ses auditeurs ses mains pures et tremblantes vers le ciel, pour un de ces anges tutélaires envoyés de Dieu même pour le salut des peuples : *ad confirmandos vos, et exortandos pro fide vestrâ.*

Mais, ô jour de sa gloire, et du triomphe de son éloquence, jour à jamais présent à la mémoire de ses paroissiens, jour où ce pasteur vénérable présentoit pour la première fois le pain céleste à de tendres enfans. Esprit de Dieu, esprit d'onction et de sagesse, étoit-ce vous qui parliez par sa bouche ; et ne sembloit-il pas dans les premières communions voir l'Ancien des jours environné de la troupe innocente des enfans des cieux, leur manifestant ses desseins et les inondant des excès de la plénitude ? Un feu divin brilloit sur son visage, animoit l'accent de sa voix ; avec quelle énergie d'expression il caractérisoit l'importance de cette première démarche qui a tant d'influence sur les autres ! Quelle majesté religieuse il déployoit autour de l'autel ; quel coupable eût osé en approcher ? avec quel empire il disposoit des cœurs et les agitoit par les mouvemens rapides de la terreur et de la confiance! avec quelle effusion d'âme il se tournoit vers vous, ô mon Dieu! avec quelle tendresse de père il vous recommandoit ses enfans! avec quelle piété attendrissante il imploroit vos bénédictions et vos grâces en faveur de leur innocence! il me semble voir encore une sainte horreur répandue sur l'assemblée, toutes les entrailles s'émouvoir, tous les cœurs s'attendrir: j'entends encore le lieu saint retentir des gémissemens, des sanglots de tous les parens religieux, mêlant leurs larmes à celles de leurs pieux enfans.

Son zèle l'entraînoit bientôt de la chaire au tribunal. Que ne puis-je ici manifester toutes les merveilles que la grâce a opérées par le ministère du sage à qui nous rendons ces honneurs! mais vous ne vous attendez pas, Messieurs, que je scrute d'un œil curieux les secrets de ce ministère, et que je lève d'une main téméraire le voile sacré qui doit couvrir le pénitent et le ministre. Jugeons du moins par les signes extérieurs qui pouvoient tomber sous nos yeux, par le nombreux concours que la réputation de sa vertu lui attiroit; jugeons-en par ce recueillement profond, par ces fronts humiliés, par ces larmes salutaires que des pénitens trouvoient plus douces que toutes les joies du siècle : *lacrymœ pœniten-*

tium dulciores quam gaudia theatrorum. Oh ! combien de saintes révolutions se sont opérées dans ce sanctuaire de la vertu! j'en atteste les conversions, les restitutions, les réconciliations, la réforme des mœurs, la réforme des caractères, signes les plus certains d'une sage direction, comme d'une véritable pénitence. Sur son tribunal la miséricorde est assise à côté de la vérité, et la justice y embrasse la paix : *misericordia et veritas obviaverunt sibi, justitia et pax osculatæ sunt.*

Oh! qu'il fut beau le soir de sa vie! au lieu de se couvrir comme tant d'autres du manteau de l'indifférence, il s'enveloppoit de son zèle. A un âge où ses propres infirmités sembloient lui commander le repos, combien de fois ne s'est-il pas relevé au milieu des ténèbres de la nuit, dans les temps les plus rigoureux, pour consoler, je ne dis pas quelque citoyen considérable, mais quelque pauvre artisan qui désiroit de mourir dans ses bras. Il vouloit encore suivre l'indigent jusqu'au tombeau : pauvres de Saint-Claude, vous vous souviendrez toujours de l'assiduité de Thévenin aux funérailles de vos malheureux pères, et comme il mêloit ses soupirs aux gémissemens de vos familles désolées. Suivant la parole de Jésus-Christ, il étoit persuadé que dans l'Eglise, la première prérogative d'un chef, c'est d'être le premier serviteur de tous. Et vous, pau-

vres honteux..... qu'allois-je faire, chrétiens?
Respecte, me crie du fond de son tombeau ce
bon pasteur, respecte les puissans motifs qui
m'ont souvent fait cacher mes bonnes œuvres
sous le voile le plus épais. En secourant les familles indigentes, mes bienfaits leur ont paru
d'autant plus doux, j'ai joui d'autant plus de leur
reconnoissance que je ne les ai point humiliés.
Bien différent qu'il étoit de ces charlatans de
bienfaisance, qui font avec tant de faste leurs au-
mônes secrètes, divinités bizarres qui attendent
pour sortir du nuage où elles affectent d'abord
de se tenir cachées, que l'enthousiasme du parti
et la curiosité du public leur ait préparé l'encens
dont elles sont avides!

C'est à la bienfaisance à rendre le sacerdoce
respectable et cher. Curés! il faut que la charité
soit votre vertu : si la sordide avarice, si l'infâme
égoïsme sont toujours odieux, ils sont mons-
trueux dans un pasteur; comment êtes-vous les
pères des peuples, s'il vous est indifférent que
vos enfans expirent de besoin ou languissent
dans la misère; que l'orphelin vous accuse au
ciel de sa nudité, si vous n'êtes pas déchirés de
douleur en voyant une famille désolée qui souffre la faim, qui ne se nourrit que de larmes, si
vous n'entendez pas le ciel indigné vous réprou-
ver, comme ces pasteurs mercenaires d'Israël
qui s'engraissoient de la substance du pâturage

sans s'embarrasser de la nourriture du troupeau ? *pastores pascentes semetipsos, et greges meos non pascebant (H).*

Mais pourquoi mettre la bienfaisance en leçon contre la dureté d'âme. L'indignation est vaine, le reproche est impuissant : le froid intérêt est sans pudeur comme sans oreilles, il ne rougit point devant l'humanité, sa voix ne l'attendrit pas ; et l'ardente charité, la charité chrétienne n'a pas besoin qu'on la conseille. Il ne falloit pas solliciter M. Thévenin, la pitié parloit assez à son cœur. Un pauvre!..... comme son cœur voloit au devant de lui! Quel bonheur il sentoit à le soulager : l'idée de l'indigence déchiroit son âme! quelles ne furent pas ces inquiétudes, l'oppression de son cœur, dans cette année de pénurie (1816) où la cherté, la rareté des vivres augmenta les souffrances du pauvre et le nombre de ceux qui souffroient ; avec quelle affliction il pensoit que tant d'infortunés, de foibles enfans, de femmes délicates, de vieillards infirmes, de laborieux artisans manquoient de pain, et pour comble de maux, étoient exposés sans feu aux rigueurs de cette saison si délicieuse pour les riches, et si dure pour les pauvres.

L'homme qui n'avoit jamais dévié des principes de la religion, n'avoit garde d'abandonner ces antiques et sages maximes, conservatrices de la monarchie des Francs ; fermement attaché à la royale dynastie des Bourbons, il ne soupirait qu'après leur retour. Voir Louis XVIII assis sur son trône, étoit pour lui le sceau du bonheur sur la terre. Au premier rayon d'espérance qui luisoit à ses yeux, il tressailloit d'allégresse et jouissoit d'avance de la félicité publique.

Vous ne permîtes pas, Dieu suprême qui tenez les destinées des hommes dans vos mains, que le superbe dominateur de la France et de l'Europe eût de plus longs succès. Son sceptre de fer lui est ravi, et il ne le reprend pendant quelques instans que pour le perdre à jamais, rendre sa ruine complète, et se voir reléguer dans cette île lointaine, dépositaire aujourd'hui de sa dépouille mortelle.

O France! ô ma patrie, tu respires enfin ! oublie à jamais les jours sanglans de l'anarchie, le joug si dur du despotisme. Tes légitimes Souverains t'amènent la paix, la véritable liberté, le bonheur et la concorde.

Oh ! qui pourrait dire combien fut grande la joie du bon curé, quelles vives et solennelles actions de grâce il rendit à Dieu, quels vœux ardens il forma pour la conservation de la race antique des Bourbons! Dans ces jours où nous fûmes encore menacés de les perdre, et avec eux tout espoir de félicité, il fondit en larmes aux pieds de nos autels, il s'adressa avec confiance, prosterné devant l'autel de ce grand Saint, le le patron du diocèse, dont les précieuses reliques furent si long-temps le palladium de notre cité (I)........

Jusqu'à présent, messieurs, nous n'avons parlé que des vertus extérieures du juste dont nous honorons la cendre, mais nous ne craindrons pas de vous introduire dans le secret de sa vie privée, et jusque dans l'intérieur de son âme; telle est la prérogative du vrai sage, plus vous l'examinez de près, plus vous sentez croître votre vénération.

Or jamais son âme, pendant quatre-vingt-cinq ans, vous parut-elle agitée par l'intrigue, tourmentée par l'ambition, flétrie par la jalousie, empoisonnée par la haine, aigrie par le ressentiment, affectée même par les impressions de plaisir et de douleur, qui tiennent les âmes foibles et sensibles dans un continuel ébranlement. Qu'il est sage, celui qui maîtrise ainsi les passions! en vain elles s'agitent autour de lui, en vain elles s'animent, se heurtent et briguent son suffrage; froid et immobile, il juge dans le silence leurs prétentions rivales, dépouille les objets des couleurs qu'elles leur prêtent, rabaisse ceux qu'elles exagèrent, agrandit ceux qu'elles exténuent, prévoit les conséquences, pèse les avantages, mesure les difficultés, et de ce calme que l'ardeur eût pris quelquefois pour de l'indolence, sort une douce lumière qui éclaire les

esprits, dissipe les préjugés, rapproche les intérêts et montre des partis qu'on s'est toujours
applaudi d'avoir suivi. Telle une mer vaste et
tranquille, les fleuves rapides, les torrens impé-
tueux s'y jettent avec fracas, et loin de la troubler, ils participent bientôt d'eux-mêmes à son
calme profond !

Bien différent des faux sages du siècle, qui
ne sont philosophes que par écrit et pour les
autres, Thévenin appliqua surtout la sagesse à
diriger sa conduite privée ; jamais de discours
hasardés, jamais d'entreprises téméraires, jamais
de démarches imprudentes, et s'il se méprit une
seule fois sur ce point (certaine lettre !!!) je n'en
suis pas moins autorisé à dire qu'il avoit la prudence du serpent et la simplicité de la colombe.

Ames simples et naïves ! c'est à vous à nous
dire la tendre confiance et la vive affection qu'il
vous avoit inspiré. Répétez sur son tombeau les
louanges et les bénédictions dont vous aimiez à
le combler pendant sa vie. Bénédictions du peuple plus glorieuses et plus consolantes que tous
les applaudissemens du monde le plus brillant.
Ce peuple ne connoît point les froides adulations
de l'urbanité, il ne suit que le mouvement de sa
franchise et de son affection. O pasteurs, ô prêtres, n'oublions jamais que notre meilleur juge,
que notre plus bel éloge, c'est la voix du peuple.

Maître adoré dans sa maison, et mille fois

pleuré d'avance de ses domestiques, il en étoit servi par attachement, par amour, encore plus que par devoir et par respect; parent tendre et affectionné à sa famille, il en faisoit la satisfaction et l'ornement; ami sincère et vrai, il captivoit sans art et sans étude l'esprit et le cœur de ceux qu'il honoroit de sa familiarité; père et ami de ses vicaires, il ne se trouvoit jamais mieux qu'avec eux; s'il rassembloit les prêtres de la paroisse à une table modeste et sans luxe, il se livroit à une gaîté vive où se montroit toujours une amabilité attrayante que l'on voyoit peinte dans ses regards et sur son front, dans son abord, dans ses discours, dans ses manières, dans toute sa conduite. Son zèle ne s'oublioit pas long-temps; après quelques heures, la joie finissoit, et il alloit reprendre dans son cabinet, ses affaires, ses livres, ses sollicitudes, ses méditations, son ministère.

Après avoir réparé ses forces par le sommeil, auquel il ne donnoit que ce qu'il ne pouvoit lui refuser, il reprenoit ses pénibles exercices, et se disposoit à fournir une journée aussi pleine que toutes celles qui l'avoient précédée. Son travail, toujours nouveau et toujours le même, étoit un cercle perpétuel d'opérations dont l'uniforme variété ne pouvoit lasser sa patience.

O vous qui, souvent plongés dans la mollesse du siècle, déclamez avec tant d'amertume contre les prêtres, et prétendez que la prêtrise n'est qu'un titre pour s'endormir au sein de l'indolence, venez et contemplez notre infatigable Pasteur. Ah! si vous étiez à portée de connoître tout ce qu'un pasteur souffre pour vous, les peines de l'âme, les sollicitudes de l'esprit, la vigilance sur le troupeau, l'embarras successif des affaires; si vous pouviez comprendre l'affection du zèle, le sentiment douloureux qui déchire son cœur, quand il considère l'infructuosité de l'enseignement, les outrages faits à la religion, la corruption des mœurs, la perte des âmes; amertume qui se répand sur sa vie, en empoisonne tous les momens : ce qui fait que Saint Jean Chrysostôme voit dans un bon Pasteur toutes les souffrances des martyrs réunies; sous ce point de vue, que vous seriez loin de l'envier!

Mais quelles furent vos inquiétudes, vos alarmes, lorsque vous commençâtes à craindre pour une tête si précieuse et si chère, lorsque vous lui entendîtes si souvent répéter : l'état où je me trouve me fait juger que j'approche du terme de mon sacrifice : *ego enim jam delibor;* le moment qui doit séparer l'âme de mon corps ne peut être éloigné, *et tempus resolutionis meæ instat;* mais au contraire combien fûtes-vous flattés d'un rayon d'espérance qui séduisit votre douleur et sembla promettre de le rendre encore à vos désirs. Ah! certainement il y a une relation bien intime, des liens bien étroits entre le pasteur et le troupeau, entre le père et les enfans, surtout un tel père à qui nous sommes redevables à tant de titres, non-seulement d'une vénération religieuse, mais encore d'un amour filial et reconnoissant.

Cependant il vit encore quelque temps, le vieillard vénérable, blanchi dans les travaux de l'apostolat, consumé par son zèle et par les années; il achève dans le repos, dans les exercices d'une piété tranquille, les restes paisibles d'une vie passée dans les mouvemens, les sollicitudes, l'activité du ministère. Qu'il est délicieux et pur le repos de l'homme juste! que je m'en fais une idée douce et touchante? Conscience d'une vie bien passée! souvenir du bien qu'on a fait! sentiment heureux de n'avoir fait que du bien, de ne se rappeler pas un moment qui n'ait été consacré par des services rendus à la religion ou à l'humanité. Quel charme consolant vous mettez dans son cœur? quelle est céleste la confiance, qu'on est digne des regards de Dieu et des bénédictions des hommes!

Me voilà donc arrivé à ce moment fatal que ma douleur cherchoit inutilement à éloigner. Comment est mort l'homme de Dieu? plus courageux qu'Isaac qui, voyant le bûcher, demandoit avec inquiétude où étoit la victime, il prépare lui-même le sien, y monte avec fermeté, et y consomme son sacrifice.

Il seroit difficile, il seroit impossible de décider quelle est en ce moment la plus accablée de la paroisse de la Mouille ou de Saint-Claude. On diroit les deux sœurs qui pleurent le même père. Mais à Saint-Claude, comme à la Mouille, vous vivrez éternellement dans toutes les bouches; *in omni ore quasi mel indulcabitur ejus memoria.* Non, jamais père n'a été plus cher que vous à vos enfans, et cependant plus de vingt ans se sont écoulés depuis que les premiers ont eu le malheur de vous perdre, et la mort, l'inexorable mort vient de vous enlever pour toujours aux derniers.

Qu'attendez-vous donc de moi, messieurs, à la fin de son éloge funèbre? que je vous exhorte à lui dresser des statues; oui, messieurs, mais que ce soit dans nos cœurs. C'est là qu'il en faut faire revivre l'image vénérable. Le plus bel éloge qu'on puisse faire de la vertu chrétienne, c'est de l'imiter : des imitateurs, voilà ce qu'elle demande; puisque nous ne pouvons plus vivre avec lui, tâchons du moins de vivre comme lui.

Voyez, considérez aujourd'hui la différence qui se trouve entre les prêtres de Baal et ceux du Dieu d'Israël. Ceux-là vont semant partout de cruelles doctrines, substituant aux liens qui attachent à la société, à la patrie, à la religion, l'intérêt personnel, l'idole de la fortune, le vil égoïsme qui les brisent tous, et enlèvent au malheur sa consolation, à la prospérité son frein, aux monarques leurs sujets, à Dieu ses adorateurs. Ceux qui suivent leurs dogmes funestes, vils esclaves des passions, deviennent des fils dénaturés, des époux infidèles, des pères barbares, des amis perfides. Bourreaux acharnés à leur propre destruction, on les voit avilir, dégrader, et quelquefois même s'arracher une âme qui leur est odieuse ; et, la rage dans le cœur, le désespoir dans les yeux, offrir au Démon la dernière goutte d'un sang qui, versé pour Jésus-Christ, leur auroit valu une éternité de bonheur et de gloire.

Disciple fidèle de l'Evangile, le sage Pasteur que j'ai essayé de peindre à vos yeux, se sacrifia toute sa vie aux intérêts de l'Eglise, aux devoirs de sa place. Comme notre divin maître, il passa en faisant le bien. Mais il étoit mûr pour la moisson, il étoit temps qu'il allât recevoir du juste juge, la récompense destinée aux fidèles serviteurs. Eh! que faudroit-il de plus, grand Dieu! pour obtenir la couronne de gloire? Quatre-vingt-cinq ans de vertus, plus d'un demi-siècle de vertus pastorales, une conduite sans reproche, un courage inébranlable dans la confession de la vraie foi, tant de pécheurs ramenés par ses soins, tant de justes fortifiés, le sacrifice de l'agneau sans tache si long-temps offert par ses mains, *immolavi hostiam jubilationis*. Ah! qui pourroit douter qu'il ne repose dans les tabernacles de la céleste Sion? Qui pourroit croire qu'une âme si vertüeuse et si pure n'ait été admise dans le sein d'Abraham? Vous qui avez admiré son zèle et ses talens, aimez, pratiquez une religion qui lui a inspiré tant de vertus. Rappelons ses bonnes œuvres pour en faire la matière de nos plus sérieuses réflexions. L'Apôtre nous l'ordonne : *mementote præpositorum vestrorum qui locuti sunt vobis verbum Dei quorum intuentes exitum conversationis, imitamini fidem.*

Grand Dieu, qui ne nous avez jamais marqué plus magnifiquement votre amour pour l'Eglise, que quand vous lui avez donné des pasteurs tels que celui dont nous venons de préconiser les vertus, continuez, nous vous en supplions, de procurer votre gloire et de travailler à notre sanctification, en choisissant pour présider à votre peuple, des hommes qui, dignes de leur vocation, soient constamment par rapport à nous, des anges de lumière et de salut, afin qu'au milieu des écueils de ce monde, marchant sur leurs traces, et mettant à profit leur sollicitude, notre zèle pour la religion, notre fidélité à en remplir tous les devoirs, couronnés par un tendre intérêt pour nos frères, nous obtiennent de votre infinie miséricorde la bienheureuse éternité!

Amen.

REQUIESCAT IN PACE.

NOTES.

A.

Les deux tiers des établissemens de bienfaisance qui étoient disséminés sur tous les points de notre belle France, avoient été fondés par de pieux évêques ou par de bons prêtres. Qui pourroit, après cela, ne pas gémir de voir tant d'écrits éphémères déverser chaque jour le mépris, les injures, les outrages, sur l'épiscopat, dans un royaume dont le monarque est le Fils aîné de l'Eglise, et dont la religion dominante est la religion catholique, apostolique et romaine. Ne connoissons-nous donc plus l'auguste caractère de nos pontifes, et l'éminence de leurs dignités? Ignorons-nous que ce sont les oracles de la religion et les images vivantes de Jésus-Christ, le grand-prêtre éternel, ses ambassadeurs auprès des rois et des nations, les successeurs de ses Apôtres, les princes de son Eglise, les docteurs de sa loi, les principaux pasteurs de son troupeau, en qui réside la plénitude du sacerdoce de la loi de grâce, et la perfection, la supériorité de la juridiction et de la puissance spirituelle, qui tient en ses mains les clefs du Ciel et de l'abîme. Est-il rien d'aussi relevé, d'aussi grand dans les plus fastueuses dignités d'un empire? dans les plus nobles fonctions d'une république? Sans contredit, Moïse et Aaron ont fait sur la terre un personnage plus distingué, plus important que le vaillant Gédéon, ou que le généreux Jephté, parce qu'ils remplissoient avec éclat un ministère plus saint, plus élevé, plus glorieux à la religion.

B.

Le second évêque de Saint-Claude, J.-B. de Chabot, dans une Instruction pastorale sur les devoirs des Pasteurs (à Paris, chez Desaint, 1790), disoit déjà : ce fut toujours, pour l'Eglise, un grand malheur de voir son sacerdoce envahi par une présomptueuse ignorance. Mais jamais ce désordre n'eut pour elle des suites plus funestes, plus étendues et plus déplorables que dans ces jours d'affliction et de licence, où l'incapacité de ses ministres enhardit ses ennemis, et livre ce qu'elle a de plus saint à la dérision des impies. Qu'on ne nous accuse point d'avancer un paradoxe, quand nous parlons de l'ignorance qui, presque partout, règne dans le sanctuaire, elle n'y est malheureusement que trop profonde et trop générale.

Cependant, continue ce digne Prélat, dans la plupart des églises, on l'avoue, le clergé y est bien loin de cette antique rusticité qu'on lui reprocha plus d'une fois dans les siècles de nos pères. On y rencontre à chaque pas des hommes polis, pleins d'esprit, capables de briller dans les sociétés des enfans du siècle. Les arts, les sciences humaines, n'ont pour eux rien d'inaccessible ; plusieurs d'entre eux cultivent avec autant de succès que d'ardeur les diverses parties du droit public, de la législation, de la littérature. Bien différens de l'Apôtre, ils savent tout, hors Jésus-Christ, ses mystères, son Evangile. *Non judicavi me scire aliquid inter vos, nisi Jesum Christum, et hunc crucifixum.* (1. Cor.)

Voyons à présent ce que dit le célèbre abbé de la Mennais, sur l'enseignement de la théologie actuelle.

« Ne craignons point de l'avouer, la théologie, si belle par elle-même, si attachante, si vaste, n'est aujourd'hui, telle qu'on l'enseigne dans la plupart des séminaires, qu'une scolastique mesquine et dégénérée, dont la sécheresse rebute les

élèves , et qui ne leur donne aucune idée de l'ensemble de la
religion, ni de ses rapports merveilleux avec ce qui intéresse
l'homme, avec tout ce qui peut être l'intérêt de la pensée. Ce
n'étoit pas ainsi que la concevoit Saint Thomas, lui qui,
dans ses ouvrages immortels, en a fait le centre de toutes
les connaissances de son temps. Empruntez de lui cette méthode admirable qui coordonne et généralise, et joignez
ces vues profondes , ces hautes contemplations , cette
chaleur, cette vie qui caractérise les anciens Pères : alors
disparoîtra le pesant ennui qui éteint parmi les jeunes gens
destinés au sacerdoce le goût de l'étude et même le talent.
Retranchez de vos cours tant de vaines questions qui les fa-
tiguent, et leur enlèvent un temps précieux qu'ils emploie-
roient bien plus utilement à s'instruire des choses applicables
au siècle où ils vivent, et au monde sur lequel ils doivent agir.
Tout a changé autour de vous : les idées ont pris et conti-
nuent de prendre incessamment des directions nouvelles; insti-
tutions, lois, mœurs , opinions, rien ne ressemble à ce que
virent nos pères. A quoi serviroit le zèle le plus vif, sans la
connoissance de la société au milieu de laquelle il doit s'exer-
cér. Il est nécessaire d'apprendre autrement, et d'apprendre
davantage : autrement, pour mieux entendre ; davantage,
pour ne pas rester en arrière de ceux qu'on est chargé de
guider. Ce n'est point par ce qu'ils savent que les ennemis du
christianisme sont forts, mais par ce qu'ignorent ses défenseurs naturels. Cette espèce d'infériorité, résultat, comme
nous l'avons dit, de circonstances passagères, affoiblit singu-
lièrement l'influence du clergé sur les classes instruites, et
nuit beaucoup à la religion dans un siècle vain de ses pré-
tendues lumières, et où l'éducation, les journaux, les recueils
périodiques de tout genre, les livres plus multipliés que jamais, mettent certaines notions générales à la portée d'un
grand nombre de gens sottement fiers de ce mince avantage.

C.

On fermoit les séminaires, on pourchassoit les prêtres, on
les déportoit, on les lanternoit, on les égorgeoit, on les
noyoit. On fait autrement de nos jours : le parti anti-prêtre
recueille avec soin, enregistre avec zèle, publie avec em-
phase tous les bruits légers, les soupçons infidèles, les anec-
dotes suspectes, les vers impies, les caricatures dérisoires
contre le sacerdoce. Le meilleur passe-port qu'on puisse
donner à un journal, à une brochure, à un livre, pour avoir
grand débit, c'est de les assaisonner de quelques traits en-
joués contre les prêtres, c'est de les couvrir de quelques
équivoques, de quelques allusions contre les prêtres, c'est de
les égayer de quelques bons mots, de quelques jolies épi-
grammes contre les prêtres. Les dénominations de congréga-
niste, de jésuitique, ont remplacé celles de fanatique, de
calotin. Le parti anti-prêtre ne s'arrête pas en si bon chemin ;
ne marchant et ne se conduisant qu'à la lueur infernale du
flambeau de l'irréligion, on les voit observer les démarches
les plus simples, chercher dans les paroles les plus indiffé-
rentes une matière à sa censure, saisir avidemment tout ce
qui paroîtra favoriser ses mauvais desseins ; vous verrez le
parti anti-prêtre plus furieux encore, étudier l'histoire d'un
prêtre qu'il veut flétrir, écarter tous les voiles charitables
qui s'opposent à ses regards homicides, et s'il y remarque
quelques ombres, se réjouir et triompher d'une découverte
qui devroit l'humilier, en lui rappelant ses propres foiblesses.
Que si la vertu de celui qu'il veut diffamer n'a souffert aucune éclipse, vous le verrez élever au dedans de lui-même
un tribunal d'autant plus injuste qu'il osera décider souve-
rainement sur ce qui fut toujours impénétrable à nos lumières
bornées ; il voudra descendre dans le fond de l'âme d'autrui,
et le juger selon sa passion.

Ah ! que c'est avec raison que le savant et pieux archevêque de Paris disoit dernièrement dans une de ses belles pastorales : « Cependant, quand il n'y aura plus de prêtres, ils seront bientôt oubliés et méconnus, ces secrets sublimes, ces divins motifs qui corrigent les mauvais penchans, qui embellissent les plus heureuses inclinations, qui perfectionnent notre nature, qui ennoblissent les actions les plus saintes, qui communiquent aux plus éclatantes un degré d'héroïsme plus élevé que la terre, qui donnent à toutes le prix et le mérite pour le ciel. Quand il n'y aura plus de prêtres, les hommes se perdront comme autrefois dans leur vanité ; après bien des travaux et des tourmens, ils auront tout dissipé dans le temps et tout perdu pour l'éternité. Eh ! plût à Dieu que, pour le repos de leurs semblables et de la société, ils ne fissent que se consumer dans les inutilités d'une vie frivole et mondaine ! Mais faut-il aller au loin, chez des nations étrangères et barbares, pour acquérir la preuve désolante et l'épouvantable conviction des cruels excès dont est susceptible un peuple sans prêtres et sans pasteurs ? Ils ont donc bien peu de souvenir, ces hommes imprudens qui ne craignent pas encore de vouer les Ministres de l'Evangile au mépris et à la haine, comme les membres d'un dangereux parti qu'on ne sauroit trop tôt abattre ou détruire. Vœux indiscrets et téméraires, autant qu'inhumains et impies, dont l'accomplissement seroit une trop sévère punition et un châtiment trop rigoureux. *Cum prophetia defecerit, dissipabitur populus.* (Prov. xxix.)

D.

Pendant la tempête révolutionnaire, Monseigneur de Rohan-Chabot avoit établi pour pilotes quatre prêtres des plus en état de tenir d'une main ferme et habile le gouvernail de son diocèse : c'étoient le pieux Févre, l'éloquent Durand, le prudent Thévenin, et le savant théologien Gevenay, le seul qui vit encore ; il consacre les restes d'une vie toute sainte à former de bons prêtres. Il est vicaire général, archidiacre, chanoine, supérieur du grand séminaire.

E.

J'ai de bonnes raisons pour croire qu'il avoit déjà écrit dans sa jeunesse contre la main-mortabilité, et qu'il n'étoit pas étranger aux trois requêtes que présentèrent au Roi plusieurs paroisses de nos montagnes, sur et contre les titres et chartres au moins suspectes du noble chapitre d'alors.

F.

Outre les quatre préposés dont la vigilante activité ne se ralentissoit jamais, plusieurs prêtres, plusieurs missionnaires, tant sur la frontière que dans l'intérieur du diocèse, bravoient tous les dangers, supportoient toutes les fatigues, franchissoient tous les obstacles, pour porter des secours spirituels aux paroisses les plus délaissées; au risque de blesser leur modestie, je ne puis résister au désir d'en nommer quelques-uns : MM. Chavin, Paget, Périer, Grand-Clément, Bonnevie, Colomb, Guigrand, Ferré, Colin, Pernier, etc. etc.

Mais, honneur, hommage, reconnoissance et bénédictions aux familles charitables et bienfaisantes qui recueillirent avec un saint empressement, qui logeoient, nourrissoient avec une tendresse paternelle les ministres du Seigneur, lorsqu'ils bravoient les foudres de la révolution, pour venir répandre le baume consolateur de la religion sur les plaies des fidèles. *Que notre langue s'attache à notre palais*, avant d'oublier la bienfaisance, la générosité des Lancons, à la Darbella ; des Vassemer, des Buats, des Monique Catan, des dames Gabets et Nicod, à Saint-Claude; des Chaveriat, à Moirau ; des Girod à la Mouille; des Guichard, à Sept-Moncel; des Recordon, à Oyonaz ; d'une Claudine de Buclau, qui parta-

geoit son morceau de pain noir et les racines de son jardin,
à de généreux confesseurs de la foi, dont l'un mourut dans
une caverne inconnue aux Seïdes du jour.

Eh! ne vit-on pas jusqu'à de simples servantes, une Jeanne
de Chaumon, une Josette Girod, une Thérèse Collet s'échap-
per durant le sommeil de leurs maîtres, pour servir de guide
au milieu des ténèbres et des pluies de la nuit, par la boue
et la neige, par monts et par vaux, à de vieux prêtres avec
qui elles partageoient leurs foibles gages, pour les soulager
dans leur extrême indigence ; et ce n'étoit pas pour ces ver-
tueuses filles une spéculation mercantile, un trafic merce-
naire, où l'on donne pour recevoir dans la suite, mais toutes
leurs peines, tous leurs sacrifices étoient pour Dieu, en vue
de Dieu ; jamais on ne les entendit s'en glorifier devant les
hommes. O vertu! que tu étois belle au milieu d'un dé-
luge de crimes ?

G.

Tout homme indigent ou souffrant, de quelque nation
qu'il soit, quelque langue qu'il parle, porte écrit sur son
front, en caractère lisible : *Je souffre, j'ai besoin d'assistance ;*
comme il est écrit dans tous les cœurs, *assiste ton semblable ;*
résister à ce penchant, c'est violer la loi de la nature, c'est se
révolter contre Dieu qui nous ordonne de nous aimer comme
il nous a aimés. Examiner si l'indigent qui implore notre
assistance, en est digne ou non, c'est un subterfuge de la
dureté, de l'insensibilité ; Dieu qui connoît les cœurs mieux
que nous ne saurions discerner les visages, *fait lever son
soleil sur les méchans comme sur les bons.*

H.

Saint-Claude, ville épiscopale de France, doit son origine
à une abbaye de l'ordre de Saint-Benoît, qui fut fondée dans

un lieu du Mont-Jura, et nommée *Condat*, mot gaulois qui signifie confluent. Ce monastère avoit été ainsi appelé, du confluent de l'Allier et de la Bienne, vers lequel il étoit situé, entre de hautes montagnes et d'affreux précipices. Les deux frères Saint Romain et Saint Lupicin, en jetèrent les fondemens au commencement du cinquième siècle; ils y attirèrent un grand nombre de disciples qui vécurent dans des cellules séparées. Saint Oyan, ou Ouyan, les ayant assemblés, leur fit embrasser la vie cénobite : il fut, à proprement parler, le premier abbé de cette célèbre abbaye, qui prit son nom quelque temps après sa mort.

Les reliques de Saint Claude, archevêque de Besançon, qui en fut abbé au septième siècle, firent changer, dès le douzième, le nom du monastère, qui prit alors celui de Saint-Claude. Les pélerins accoururent, Louis XI y vint deux fois en pélerinage, et le bon Philippe de Comines dit que lui-même *souloit tous les ans visiter monseigneur Saint Claude*. Cette abbaye étoit également distinguée par ses prérogatives, ses richesses et son ancienneté; la noblesse aspira bientôt à l'honneur d'y être admise, et un arrêt du Parlement de Dôle, rendu le 23 août 1647, porte qu'on ne peut être reçu religieux à Saint-Claude, sans faire preuve de huit lignées de noblesse, quatre paternelles et quatre maternelles : ce fut ainsi qu'on adopta dans une profession spéciale de suivre un Dieu pauvre et humilié, ces titres frivoles de la vanité des hommes, comme si les grands ne rampoient pas au même rang que nous aux yeux de Dieu; comme si la grandeur avoit un titre exclusif à la vertu, comme s'il falloit être noble pour être un bon moine.

Avant la révolution, il y avoit à Saint-Claude des Carmes déchaussés, des Capucins, des Annonciades, des Dames de Saint-Maur, une confrérie des Pénitens blancs du Confalon, un collége et un hôpital dépendant du *chapitre qui l'a fondé. L'évêque étoit administrateur de cet hôpital, avec quatre chanoines.* La bibliothèque des chanoines étoit publique; on y trouvoit une Bible de 800 ans, un manuscrit de Saint Eucher, très-ancien.

Il y avoit anciennement des abbés qui exerçoient les droits régaliens; vingt-quatre places monacales, outre les officiers claustraux qui étoient en grand nombre. L'église abbatiale, dédiée sous l'invocation de Saint Pierre, fut sécularisée et érigée en cathédrale par une bulle de Benoît XIV, du 22 janvier 1742. Vingt chanoines succédèrent aux religieux. Ils portoient d'abord avec un ruban moiré de couleur noire, une croix d'or à quatre branches égales, ornée d'une fleur de lis à chaque angle, et d'un léger cordon qui l'entouroit. Dans la suite, et sans qu'on sache pourquoi, ni à quel titre, ils portèrent une croix épiscopale.

Mais le trésor le plus précieux de la ville de Saint-Claude, étoit de précieuses reliques qui y attiroient de toute part une foule de pélerins; on y voyoit le chef et les ossemens de Saint Romain, son fondateur et son premier abbé; le chef et tous les ossemens de Saint Oyan; les restes de plusieurs autres saints abbés, et même celles de quelques martyrs; mais surtout on y révéroit le corps de Saint Claude, douzième abbé de cette abbaye, mort sur la fin du sixième siècle, lequel, par un miracle continuel et sans aucun recours à l'art, a été seul dans cet endroit, quoique longues années exposé à l'air, préservé de la corruption à laquelle tous les corps des hommes sont inévitablement assujétis. C'est ce qu'atteste le procès-verbal dressé le 20 août 1754, lors de la translation en l'église cathédrale, signé non-seulement par le premier évêque de Saint-Claude, et tout son cha-pitre, mais encore par MM. les médecins et chirurgiens, jurés; savoir, Villerme du Chatillonois, Constant Reymou-det, Jean-Claude Villerme, Jean-Baptiste David, Benoît Voisin d'Annecy, docteurs en médecine; Jean-François Fo-restier, chirurgien du roi; Joseph-Alexis David, chirur-gien-major de cavalerie; Claude-Philippe Bouguiod et Mo-deste Bavoux, chirurgiens, et plusieurs autres bourgeois des plus notables. Ils déclarèrent , dans le procès-verbal : « avoir vu et examiné avec attention le corps de Saint Claude, renfermé dans une châsse de bois garnie de lames d'argent, en figures anciennes, et reconnu être d'une grandeur ordinaire humaine , chaque partie ayant gardé ses connexions et situations naturelles, avec une palpabilité et élasticité , dans les parties membraneuses, musculeuses et tendineuses , telles que sont l'abdomen , les jambes et les cuisses ; enfin, en entier dans son tout, à la réserve de la partie cartilagineuse ou inférieure du nez et de presque les trois phalanges qui formoient le petit doigt de la main droite, qui paroît avoir été arraché de force.

» Les tégumens paroissent un peu brunis , surtout les pieds et les bras, probablement par le souffle du concours d'un peuple dévot qui se présente pour baiser ses pieds à nu, à l'ouverture de la châsse. Nous avons, de plus, remarqué que n'y ayant ni ouverture, ni sutures faites sur son corps , n'exhalant aucune odeur aromatique ou balsamique, nous ne pouvons nous dispenser de juger qu'il n'a jamais été embaumé , et *que son incorruptibilité pendant un temps aussi considérable que celui de près de douze siècles*, que la tradition nous apprend qu'il y a dès sa mort, étant au-dessus de la conception et des lumières de notre art, nous ne pouvons la contempler qu'avec admiration, comme surnaturelle et miraculeuse, ce que nous certifions vrai. »

Le procès-verbal du clergé, présidé par monseigneur Méallet de Fargues, disoit pareillement : « Nous avons trouvé un corps qui nous a paru extrêmement ancien, en entier, à l'exception d'une partie du petit doigt de la main droite, qui nous a paru avoir été arrachée d'icelle main droite, savoir la troisième phalange de ce doigt ; que la partie cartilagineuse du nez nous a paru endommagée, et la partie gauche de la lèvre supérieure un peu plus retirée que la partie opposée, avec une élasticité dans toute la partie du bas-ventre , depuis les côtes de la poitrine , jusqu'audit bas-ventre, *tout y est palpable et élastique., que la langue y a paru vermeille*, ce qui a été vu, reconnu, attesté et signé par mesdits sieurs les médecins et chirurgiens jurés royaux, s'étant réservés de faire leurs rapports particuliers sur ce qu'ils ont vu et remarqué du corps de Saint Claude. »

Signés : de Champagne, de Raincourt, de Fallons, de Chargère, d'Epinchat, d'Abay, de Gourcy, de Maillat, de Velouzac, etc., etc., etc.

HELAS ! CES PRÉCIEUSES RELIQUES N'EXISTENT PLUS !!!

Oh ! quand aurons-nous le bonheur de voir instituer un jour de fête expiatoire annuel, où tout le clergé, le corps des magistrats, le peuple assemblé, feroient amende honorable de l'épouvantable sacrilége qui nous a privé des précieux restes que nos ancêtres ont toujours honorés d'une dévotion particulière, comme leur gloire et leur protection, du bienheureux Saint Claude, à qui l'Europe catholique avoit donné le nom de *Miraculorum perpetrator.*

Nous croyons faire plaisir à nos lecteurs, en leur donnant l'abrégé chronologique de ceux qui ont été à la tête de l'abbaye de Saint-Claude, depuis sa fondation jusqu'à nos jours.

ABBÉS.

I. Saint Romain, né à Isernore en Bugey ; il avoit été disciple de Saint Sabin d'Aisnay.

II. Saint Lupicin vint, après la mort de son épouse, aider son frère dans la conduite des Solitaires de Condat. On trouva ses précieuses dépouilles, le 6 juin 1689, entre le mur et l'autel de l'église prioriale et paroissiale de son nom.

III. SAINT MINAUSE.

IV. SAINT OYAN ou OUYAN, *Eugendus*, disciple de Saint Romain dès l'âge de 7 ans, fut, à ce qu'on croit, coadjuteur de Minause, à qui il succéda. Il mourut en 510, âgé de 60 ans.

V. SAINT ANTIDIOLE fit bâtir une église sur le tombeau de son prédécesseur.

VI. SAINT OLYMPE donna naissance à la ville de Saint-Claude, en permettant aux séculiers de s'établir dans ce lieu, et en leur donnant du terrain pour y bâtir des maisons.

VII. Le Bienheureux SAPIENT fit construire une chapelle pour le service spirituel des habitans.

VIII. Le Bienheureux THALAISE.

IX. SAINT DAGAMOND gouverna depuis 595 jusqu'en 628.

X. SAINT ANDRI ou ANDERIC.

XI. SAINT INJURIOSUS leva de terre, vers l'an 640, les corps de Saint Romain, de Saint Lupicin et de Saint Ouyan.

XII. SAINT CLAUDE, issu des seigneurs de Salins, fut d'abord chanoine de Besançon. S'étant retiré dans ce monastère, il en devint abbé; sa grande réputation l'enleva à ses moines pour le placer sur le siége de Besançon. Mais, après sept ans d'épiscopat, il revint à Saint Ouyan, où il mourut le 6 juin 693 ou 696.

XIII. SAINT RUSTIQUE faisoit les fonctions de prieur sous Saint Claude, et lui succéda. Il fut abbé pendant 35 ans.

XIV. SAINT AUTFREDE, depuis 750 jusqu'en 776.

XV. SAINT HIPPOLYTE devint évêque de Bellay vers l'an 755, étant déjà abbé. Le roi Pepin lui accorda, entre autres priviléges, le droit de battre monnoie. Mabillon remarque qu'on ne connoît point d'exemple plus ancien de concession de ce genre faite à des monastères.

XVI. Le Bienheureux VULFREDE I.

XVII. RICBERT eut avec Gédéon, archevêque de Besançon, un différend au sujet du prieuré de Saint-Lupicin, que

Charlemagne adjugea à l'abbaye de Saint-Ouyan, le 21 septembre 793.

XVIII. Bertaud I ou Bertrand, en 803.

XIX. Antelme, en 804 et 815.

XX. Achive ou Achin, en 815 et 832.

XXI. Agilmare, abbé, et ensuite archevêque de Vienne.

XXII. Saint Remi, archevêque de Lyon, en 852.

XXIII. Ildebert, en 869 et 870.

XXIV. Bertranne, en 879 et 881.

XXV. Aurélien, archevêque de Lyon, et abbé de Saint-Oyan.

XXVI. Vulfrede II étoit abbé la septième année du règne de l'empereur Charles. Il est peut-être le même que Vulfrède I : car rien ne prouve qu'il vivoit sous Charles-le-Gros et non sous Charlemagne.

XXVII. Bernard I, en 897 et 899.

XXVIII. Bertaud II gouvernoit en 900 et 911.

XXIX. Gippier, en 921 et 948.

XXX. Gui I.

XXXI. Boson, en 952 et 953.

XXXII. Achinard ou Archenard, en 956 et 966.

XXXIII. Norbauld.

XXXIV. Gauceran, en 1020.

XXXV. Oderic, en 1026 et 1036.

XXXVI. Jotsaud, en 1052.

XXXVII. Leutaud, en 1054 et 1063.

XXXVIII. Odon I, abbé en 1073, mourut le 8 mai 1084.

XXXIX. Hunaud I, élu en 1084, se démit.

XL. Humbert I, en 1100 et 1105.

XLI. Hunaud II, abbé pour la seconde fois, le fut depuis 1106 jusqu'en 1112.

XLII. Adon I, depuis 1112 jusqu'en 1147.

XLIII. Humbert II gouverna pendant deux ans six mois.

XLIV. Giraud I.

XLV. Adon II étoit abbé en 1149. L'empereur Frédéric le confirma, en 1175, dans le droit de battre monnoie.

XLVI. Aimon, en 1182.

XLVII. Guillaume I, en 1183 et 1185.

XLVIII. Bernard II, en 1185 et 1187.

XLIX. Bernard III ou Bérard de Thoire-Villars, fut élu abbé vers l'an 1210, étant déjà évêque de Bellay. Il cessa de gouverner ce monastère vers l'an 1230, et mourut en 1232.

L. Hugues de Nancuse ou Maucuise, en 1230 et 1234.

LI. Humbert III de Buenc, étoit abbé en 1234. De son temps, en 1243, on fit des châsses d'argent pour mettre les reliques de Saint Oyan et de Saint Claude. Il gouverna jusqu'en 1255. Ce fut lui qui acquit par échange, en 1244, de l'abbaye d'Abondance, la terre de Grand-Vaux, dont il eût la justice à titre de châtellenie.

LII. Gui II, en 1255.

LIII. Humbert IV, en 1256 et 1260.

LIV. Gui III, en 1260 et 1262.

LV. Humbert V, en 1262.

LVI. Gui IV, en 1263 et 1284. MM. de Sainte-Marthe soupçonnent, avec raison, que ces six derniers abbés sont les deux mêmes que Humbert III et Gui II, qui ont gouverné alternativement, à trois reprises différentes. Les chanoines-comtes de Lyon accordèrent, en 1271, à l'abbé de Saint-Claude et à ses successeurs, le titre de chanoine honoraire dans leur église.

LVII. Guillaume II, en 1283 et 1284.

LVIII. Gui V, en 1284.

LIX. Humbert VI, en 1285.

LX. Guillaume III de la Baume, élu en 1293, ne paroît point avoir été paisible possesseur.

LXI. Etienne I de Villars, abbé dès 1295, associa, en 1301, Jean de Châlon à la seigneurie de Chatel-Blanc;

et à celles de Ronchaux , Estival et Prelnouvel : il donna
en fief à Humbert son père, la montagne de Saint-Surgue,
et le château de Jou. Cet abbé mourut le 30 septembre
1303.

LXII. Guiffrede se démit, ou mourut en 1304.

LXIII. Odon II de Vaudrey, en 1304 et 1313.

LXIV. Etienne II, en 1312.

LXV. Odon III de Vaudrey, peut-être le même qu'Odon II , depuis 1317 jusqu'en 1320.

LXVI. François I , en 1320.

LXVII. Jean I , en 1321.

LXVIII. Hugues II , en 1321 et 1324.

LXIX. Jean II de Roussillon fut abbé depuis 1328 jusqu'en 1348. Une bulle de Benoît XII , de l'an 1336 , appelée *Bénédictine* , porte que les chapitres généraux, auxquels
l'abbé de Saint-Claude doit assister, seront composés des
supérieurs de Lyon , Besançon et Tarantaise. Cette abbaye
étoit chef de congrégation depuis le neuvième siècle.

LXX. Guillaume IV de Beauregard, depuis 1348 jusqu'en 1380.

LXXI. Guy VI , en 1380.

LXXII. Guillaume V de la Baume , abbé en 1384, fut
fait évêque de Sion par Clément VII, en 1386.

LXXIII. François II , en 1412 et 1424.

LXXIV. Etienne III , en 1425.

LXXV. François III , abbé en 1426 , est peut-être le
même que François II.

LXXVI. Jean III de Vincelles , depuis 1429 jusqu'en
1436. Philippe-le-Bon , par des lettres-patentes données à
Lille en Flandre le 9 mars 1436, maintint l'abbé de Saint-
Claude dans le droit de donner grâce , de légitimer et d'ennoblir. Il confirma la juridiction du grand-juge dans son
territoire, à l'exclusion de tous juges inférieurs du souverain, et le droit de ne ressortir qu'au prince et au parlement

qui le représente ; mais il se réserva le droit de battre monnoie et de donner des sauf-conduits.

LXXVII. Guy VII d'Uzy, en 1439 et 1441.

LXXVIII. Pierre I Morel mourut le 11 février 1443.

LXXIX. Etienne IV Faulquier, depuis 1444 jusqu'en 1465.

LXXX. Giraud II de Chauvirey, fut le compétiteur des trois précédens, depuis 1441 jusqu'en 1447.

LXXXI. Augustin d'Est de Lugnana, depuis 1468 jusqu'en 1479.

LXXXII. Jean-Louis de Savoie, abbé d'Ambournay, prieur de Nantua, et administrateur de l'évéché de Genève, depuis 1479 jusqu'en 1482.

LXXXIII. Pierre II de Viry, en 1494.

LXXXIV. Pierre III Morel, abbé en 1500, mourut le 2 février 1509.

LXXXV. Pierre IV de la Baume, premier abbé commendataire, depuis archevêque de Besançon, et cardinal.

LXXXVI. Claude de la Baume, aussi archevêque de Besançon et cardinal.

LXXXVII. Louis I de Rye, évêque de Genève, en 1546 et 1549.

LXXXVIII. Philibert de Rye, aussi évêque de Genève, en 1550 et 1556.

LXXXIX. Marc de Rye, en 1561 et 1577.

XC. Joachim de Rye, fils de Girard, seigneur de Balançon, fut abbé depuis 1582 jusqu'en 1589, qu'il se démit.

XCI. Ferdinand de Rye, frère du précédent, archevêque de Besançon, fut abbé depuis 1589 au moins jusqu'en 1636.

XCII. Dom Juan d'Autriche, fils naturel de Philippe IV, roi d'Espagne, mourut le 17 septembre 1679.

XCIII. César d'Estrées, cardinal, ancien évêque de Laon,

posséda cette abbaye depuis 1679 jusqu'en 1701 qu'il se démit. Il visita l'abbaye comme délégué du Saint-Siége, et proposa des règlemens, sur l'acceptation desquels le chapitre se divisa; ce qui donna lieu à un appel comme d'abus, évoqué au conseil, et resté indécis.

XCIV. JEAN V D'ESTRÉES, frère de Victor-Marie, maréral de France, mourut le 3 mars 1718, désigné archevêque de Cambray.

XCV. LOUIS II DE BOURBON-CONDÉ, appelé le comte de Clermont, né le 15 juin 1709, nommé au mois de mai 1718, obtint l'abbaye de Saint-Germain-des-Prés, et se démit de celle de Saint-Claude. L'abbaye fut érigée en évêché par des bulles du 22 janvier 1742, qui composèrent le nouveau diocèse des vingt-six paroisses de la terre de Saint-Claude, dont plusieurs avoient des succursales, et d'autres paroisses démembrées des archevêchés de Lyon et de Besançon.

ÉVÊQUES.

I. JOSEPH DE MELLET DE FARGUES, né dans le diocèse de Saint-Flour en 1708, nommé évêque de Saint-Claude sur le refus de M. Boullier, premier évêque de Dijon, sacré le 5 août 1742, ci-devant chanoine, grand-vicaire, official primatial de Lyon, et abbé de Saint-Ambroise de Bourges.

II. JEAN-BAPTISTE CHABOT-ROHAN, né à Poitou en 1740, et ci-devant grand-vicaire de Rouen.

III. ANTOINE-JACQUES DE CHAMON, né à Bulguéville en 1767, ci-devant vicaire-général de Carcassonne.

—————————

Nous avons plusieurs vies de Saint Claude, mais on convient généralement qu'il n'en est point qui soit faite avec cette exactitude de chronologie, cette justesse de critique,

cette sagesse de discernement dans les faits que demande-
roit un si beau sujet. Nous osons donc proposer un concours sur *la vie du bienheureux Saint Claude, douzième
abbé de Saint-Ouyan*. Le prix sera un Bossuet in-4°, édi-
tion de 1772. Ceux qui voudront concourir, enverront leurs
manuscrits au secrétariat de l'évêché de Saint-Claude. Les
membres les plus érudits du chapitre, seront priés d'être les
juges. Le terme de rigueur est le 6 juin 1832.

Nous indiquons ici quelques-unes des sources où l'on peut
puiser :

1° *Vita Sancti Claudii.*

Cette vie est imprimée au tome II des Actes des Saints de
l'Ordre de Saint-Benoît, et avec les Commentaires de Heus-
chenius. Elle est du onzième siècle, et a peu d'autorité ; elle
peut être cependant de quelque considération, parce que
l'auteur y a renfermé plusieurs choses qu'il a vues et lues dans
le monastère de Mont-Jou.

2° *Ejusdem Miraculorum libri quatuor.*

Ces livres des Miracles sont imprimés dans le volume précédent de Bollandus.

3° *Claudio-Mastix, seu refutatio Vitæ et Miraculorum
Sancti Claudii, à Jacobo lectio Senatore Genovensi. Genevæ,
in-4°, 1610.*

Cet auteur protestant est mort en 1612.

4° *Claudio-Mastigis Confutatio ; autore Gasparo Scioppio.
Maguncicæ, 1612, in-4°.*

Sciopus est mort en 1649.

5° *Illustrationes Claudianæ Petri Francisci Chiffletii, è
Societate Jesu, opusculum postrumum.*

Ces éclaircissemens sont imprimés dans le Recueil des Bollandus, au 6 juin.

6° *Les Actions de la vie et de la mort de Saint Claude ;
par Henri Boguet, grand-juge de la ville de Saint-Oyan de
Jou.* Lyon, 1609, in-8°.

Cet Henri Boguet, ce grand-juge a laissé un autre écrit qui est un monument de sa crasse ignorance et de son atroce barbarie; on y voit comment il fit torturer un grand nombre de pauvres paysans, pour leur faire avouer qu'ils étoient sorciers, qu'ils avoient fait un pacte avec le Diable; il les faisait ensuite brûler sans miséricorde.

7° *Compendium Vitæ et Miraculorum Sancti Claudii, autore Francisco à Sancto Nicolao. Romæ, 1652, in-4°.*

Ce religieux était feuillant, et il avoit été connu dans le monde sous le nom de *Coquelin.*

8° *Vie de Saint Claude, par François Géry.*

Cette vie est imprimée dans son Recueil de Vies des Saints.

9° *Vie du même, par Adrien Baillet, Godescar; dans leurs Recueils de Vies des Saints.*

10° *Remarque sur Saint Claude, par dom Antoine Rivet, bénédictin.*

Dans l'Histoire littéraire de la France.

11° *Histoires de l'Eglise de Besançon, par Dunod de Charnage, 1750, 2 vol. in-4°.*

12° *Mémoires historiques. . . . . . par Louis Gollut, avocat au parlement de Dole, in-fol., an 1592.*

Ouvrage rare, mais plein de documens curieux sur la Franche-Comté.